AF185781

Die besten Rezepte
RACLETTE
mit Grill & heißem Stein

Bassermann

Inhalt

Ein Pfännchen –
viele Möglichkeiten

Raclette ist neben dem Fondue eines der beliebtesten Weihnachts- und Silvesteressen. Denn was gibt es Schöneres, als bei einem gemütlichen Raclette-Essen mit Familie oder Freunden zusammenzusitzen.

Die wichtigste Zutat beim Raclette ist natürlich der Käse: milder Mozzarella, junger Gouda, kräftiger Cheddar, cremiger Ziegenkäse oder vegane Alternativen. In den Rezepten finden Sie Vorschläge, welche Käsesorte zu welchem Gericht passt, jedoch können Sie auch nach Belieben austauschen. Als kleiner Tipp: pro Person rechnet man übrigens mit ca. 200–250 g Käse. Wenn die Augen mal größer waren als der Appetit, lässt sich Käse auch sehr gut einfrieren. Verpacken Sie den Käse luftdicht und separieren Sie einzelne Scheiben mit Back- oder Butterbrotpapier. So hält der Käse 2–3 Monate, ohne an Geschmack zu verlieren.

Damit das Raclette-Essen richtig Freude bereitet, finden Sie in diesem Buch nicht nur herzhafte Pfännchen mit Fleisch, Wurst, Fisch, Meeresfrüchten und Gemüse, sondern auch süße Ideen zum Dessert.

Sie werden aber nicht nur Pfännchen-Rezepte finden, sondern auch eine Vielfalt an Rezepten für die Grillplatte oder den heißen Stein, Beilagensalate und Saucen.

Wir hoffen, dass Sie und Ihre Gäste die fantasievollen Rezepte ausprobieren, sodass einem gemütlichen Abend voller Erzählungen und kulinarischer Köstlichkeiten nichts mehr im Weg steht.

Steak-Hawaii-Pfännchen

FÜR DAS PFÄNNCHEN

200 g Ananasscheiben, Dose
8 kleine Scheiben Rinder-
   hüftsteak
Salz
Pfeffer aus der Mühle
4 Scheiben Raclettekäse
2 TL Pflanzenöl

ZUM BESTREUEN

½ Bund Petersilie
20 g Kirschen, kandiert

Für 4 Personen

Vorbereitungszeit: 10 min
Garzeit: 8 min
Schwierigkeitsgrad: leicht

**1 ** Die Ananasscheiben abtropfen lassen und vierteln. Die Petersilie waschen, trocknen und kleiner zupfen. Das Fleisch trocken tupfen und mit Salz und Pfeffer würzen. Ananas, Petersilie, Fleisch, Käse und Kirschen bereitstellen.

**2 ** Das Öl auf dem Raclette-Grill erhitzen und die Steaks ca. 2–3 Minuten von beiden Seiten angrillen.

**3 ** In je ein Pfännchen zwei Fleischscheiben und vier Ananasviertel abwechselnd legen und mit einer Scheibe Käse abdecken. Unter dem Grill für 3–4 Minuten überbacken, bis der Käse zerlaufen ist. Mit Petersilie und kandierten Kirschen garnieren und nach Bedarf mit etwas Pfeffer würzen.

Cheeseburger-Raclette

Rezeptbild auf S. 6

FÜR DAS PFÄNNCHEN
200 g Rinderhackfleisch
Salz
Pfeffer aus der Mühle
1 Tomate
2 EL eingelegte Jalapeño-
    scheiben
1–2 Essiggurken
4 kleine Toastscheiben
4 Scheiben Cheddar
1 EL Pflanzenöl

Für 4 Personen

Vorbereitungszeit: 15 min
Garzeit: 10 min
Schwierigkeitsgrad: leicht

**1 ** Das Rinderhackfleisch mit Salz und Pfeffer würzen und gründlich durchkneten. Danach in 4 kleine Patties formen und bis zum Gebrauch abgedeckt in den Kühlschrank stellen.

**2 ** Die Tomate waschen und in Scheiben schneiden. Jalapeños und Essiggurken abtropfen lassen. Die Essiggurken in Scheiben schneiden. Tomaten-, Jalapeños- und Essiggurkenscheiben zusammen mit Toast, Burger-Patties und Käse bereitstellen.

**3 ** Den Raclette-Grill mit etwas Öl bestreichen und die Burger-Patties von jeder Seite ca. 3–4 Minuten anbraten. Danach je eine Toastscheibe in das Raclette-Pfännchen legen, Patties, Tomaten-, Jalapeño- und Essiggurkenscheiben verteilen. Jeweils eine Scheibe Cheddar in jedes Pfännchen legen und mit Salz und Pfeffer würzen. Die Raclette-Pfännchen im heißen Grill stellen, bis der Käse geschmolzen ist.

Nudel-Pilz-Pfännchen

Rezeptbild auf S. 6

FÜR DAS PFÄNNCHEN
100 g Mini-Penne
Salz
100 g Pfifferlinge
4 Champignons
1 rote Zwiebel
40 g Bacon
1 EL Olivenöl
Pfeffer aus der Mühle
8 Scheiben Raclettekäse

Für 4–6 Personen

Vorbereitungszeit: 15 min
Garzeit: 10 min
Schwierigkeitsgrad: leicht

1 \\ Die Pasta in Salzwasser nach Packungsangabe bissfest kochen, abgießen und abtropfen lassen. Pfifferlinge und Champignons putzen und klein schneiden. Die Zwiebel abziehen, halbieren und in Streifen schneiden. Den Bacon in Würfel schneiden. Pilze, Zwiebeln und Bacon mit dem Öl vermischen und mit Salz und Pfeffer würzen. Die vorbereiteten Zutaten und Käse bereitstellen.

2 \\ Die Pilz-Mischung auf dem Raclette-Grill für ca. 4–5 Minuten anbraten. Nudeln und Pilz-Mischung auf die Raclette-Pfännchen verteilen und mit dem Käse belegen. Die Pfännchen unter den heißen Grill stellen, bis der Käse geschmolzen ist.

Pizza-Raclette
mit Gemüse und Speck

FÜR DAS PFÄNNCHEN

75 g Kirschtomaten
½ grüne Paprika
1 Thymianzweig
1 Zwiebel
250 g Fertig-Pizzateig
150 g Fertig-Pizzasauce
100 g Speckwürfel
100 g Mozzarella, gerieben
Salz
Pfeffer aus der Mühle

Für 4–6 Personen

Vorbereitungszeit: 15 min
Garzeit: 20 min
Schwierigkeitsgrad: leicht

1 \\ Kirschtomaten, Paprika und Thymian waschen. Tomaten in dünne Scheiben und Paprika in Streifen schneiden. Die Thymianblätter abzupfen. Die Zwiebel abziehen und in Ringe schneiden. Den Pizzateig ausrollen und in ca. 10–12 kleine Rechtecke schneiden, sodass diese in je ein Raclette-Pfännchen passen.

2 \\ Je ein Teig-Rechteck in ein Pfännchen geben und mit der Gabel mehrmals einstechen. Oben auf das Raclette stellen, damit der Teig von unten backen kann. Nach einigen Minuten das Pfännchen unter den Grill schieben, damit der Teig auch von oben backen kann.

3 \\ Danach das Pfännchen herausziehen und den Teig mit Pizzasauce bestreichen. Nach Belieben die Pizza mit Tomaten, Paprika, Zwiebeln und Speck belegen und den Mozzarella darüber streuen. Das Pfännchen unter den Raclette-Grill schieben, bis der Käse geschmolzen ist. Nach Bedarf mit Salz und Pfeffer würzen.

TIPP
Belegen Sie die Pizza ganz nach Ihrem Geschmack: Thunfisch und Zwiebeln, Mais und Broccoli oder einfach nur Salami.

Portweinbirnen-
Pfännchen mit Prosciutto

**1 ** Die Birnen waschen, schälen und halbieren. Kerngehäuse entfernen und Fruchtfleisch in Streifen schneiden. Thymian und Rosmarin waschen, trocken schütteln, Blätter und Nadeln abzupfen und fein hacken. Den Zucker in einem kleinen Topf karamellisieren lassen. Die Birnen zugeben, mit Portwein und 50 ml Wasser ablöschen, Kräuter zugeben und ca. 4–5 Minuten offen einköcheln lassen. Die Zutaten bereitstellen.

**2 ** Die Birnen in die Pfännchen verteilen und mit je einer Scheibe Prosciutto und Käse belegen. Die Schinkenwürfel darüber streuen und unter dem Raclette-Grill ca. 3–4 Minuten überbacken. Bei Bedarf mit etwas Pfeffer nachwürzen.

FÜR DAS PFÄNNCHEN
2 Birnen
1 Thymianzweig
2–3 Rosmarinzweige
1 EL Zucker
100 ml Portwein, weiß
30 g Schinkenwürfel
4 Scheiben Prosciutto
4 Scheiben Raclettekäse
Pfeffer aus der Mühle

Für 4 Personen

Vorbereitungszeit: 15 min
Garzeit: 5 min
Schwierigkeitsgrad: leicht

Caprese-Chorizo-Raclette

**1 ** Die Chorizo in Scheiben schneiden. Tomaten und Basilikum waschen, Tomaten vierteln und Basilikum in Streifen schneiden. Mozzarella in Stücke zupfen, Ciabattabrot in Scheiben schneiden, Knoblauchzehe abziehen. Alle Zutaten bereitstellen.

**2 ** Den Raclette-Grill mit etwas Öl bepinseln und die Chorizoscheiben ca. 2–3 Minuten von beiden Seiten anbraten. Tomaten, Chorizoscheiben und Mozzarella auf die Pfännchen verteilen und für ca. 4–5 Minuten unter dem Raclette gratinieren lassen.

**3 ** Währenddessen die Brotscheiben von beiden Seiten mit Olivenöl bepinseln und auf den Grill legen. Das Brot mit der Knoblauchzehe einreiben. Das Überbackene auf die gerösteten Brotscheiben gleiten lassen und mit Basilikum, Salz und Pfeffer bestreuen.

FÜR DAS PFÄNNCHEN

150 g Chorizo
350 g Kirschtomaten
1 Handvoll Basilikum
2 Kugeln Büffelmozzarella
5 EL Pinienkerne
½ Ciabattabrot
1 Knoblauchzehe
4 EL Olivenöl
Salz
Pfeffer aus der Mühle

Für 4–6 Personen

Vorbereitungszeit: 5 min
Garzeit: 10 min
Schwierigkeitsgrad: leicht

Herbstliches Kürbis-Raclette mit Speck

FÜR DAS PFÄNNCHEN

200 g Hokkaidokürbis
1 Rosmarinzweig
1 Thymianzweig
60 g Shiitakepilze
½ rote Zwiebel
50 g Speck
1 EL Pflanzenöl
Salz
Pfeffer aus der Mühle
100 g Gouda, gerieben

Für 6 Personen

Vorbereitungszeit: 20 min
Garzeit: 10 min
Schwierigkeitsgrad: leicht

**1 ** Den Kürbis gründlich abwaschen und in der Mittel teilen. Mit einem Löffel Kerngehäuse herauskratzen und Fruchtfleisch in sehr kleine Würfel schneiden.

**2 ** Die Kräuter waschen, Nadeln und Blättchen abzupfen. Die Shiitakepilze putzen und in Scheiben schneiden. Die Zwiebel abziehen und mit dem Speck zusammen würfeln.

**3 ** Kürbis, Pilze, Zwiebeln und Speck auf die Grillplatte mit dem Öl ca. 4–5 Minuten anbraten. Die angebratene Kürbis-Mischung mit etwas Salz und Pfeffer würzen und auf die Raclette-Pfännchen verteilen. Die Kräuter auf die Pfännchen verteilen und mit etwas Käse bestreuen. Die Pfännchen unter dem Grill ca. 4–5 Minuten überbacken.

Putenbrust-Raclette
mit Nuss-Öl

FÜR DAS PFÄNNCHEN
1 Handvoll Koriandergrün
½ Chilischote
4 EL Macadamianüsse
2 EL Limettensaft
2 EL Olivenöl
100 g Ananasscheiben, Dose
250 g Putenbrust-Aufschnitt
8 Scheiben Raclettekäse
Pfeffer aus der Mühle

Für 4 Personen

Vorbereitungszeit: 10 min
Garzeit: 10 min
Schwierigkeitsgrad: leicht

1 \\ Für das Nuss-Öl Koriander und Chili waschen. Vom Koriander die Blätter abzupfen und die Hälfte fein hacken, die andere Hälfte zur Seite legen. Die Chili fein würfeln. Die Macadamianüsse mit einem Messer klein hacken. Koriander, Chili, Nüsse, Limettensaft und Öl vermischen.

2 \\ Die Ananasscheiben abtropfen lassen und achteln. Den Putenbrust-Aufschnitt vierteln. Ananas, Putenbrust, Nuss-Öl und Käse bereitstellen.

3 \\ Die Ananasstücke mit dem Aufschnitt auf die Raclette-Pfännchen verteilen und mit je einer Scheibe Raclettekäse belegen. Das Pfännchen unter dem Grill ca. 3–4 Minuten zerlaufen lassen.

4 \\ Die Pfännchen aus dem Raclette ziehen und das Nuss-Öl auf dem überbackenen Käse verteilen. Mit etwas Pfeffer würzen und mit dem restlichen Koriander toppen.

Mini-Hähnchen-Burger vom Raclette

FÜR DAS PFÄNNCHEN

400 g Geflügelhackfleisch
Salz
Pfeffer aus der Mühle
1 Prise Paprikapulver
1 EL Pflanzenöl
1 rote Zwiebel
200 g Austernpilze
1 Römersalatherz
8 Scheiben Raclettekäse
8 Mini-Burgerbrötchen
Ketchup
Mayonnaise

Für 4–6 Personen

Vorbereitungszeit: 20 min
Garzeit: 10 min
Schwierigkeitsgrad: leicht

**1 ** Das Hackfleisch in eine Schüssel geben, mit Salz, Pfeffer und Paprikapulver würzen und gut durchkneten. Acht kleine Patties formen und mit Öl bepinseln.

**2 ** Zwiebel abziehen und fein würfeln, Austernpilze putzen und klein schneiden. Den Salat waschen und klein schneiden. Alle Zutaten bereitstellen.

**3 ** Patties, Zwiebeln und Austernpilze 4–5 Minuten auf dem Raclette-Grill braten. Die Patties in die Pfännchen geben, Zwiebeln und Austernpilze verteilen und mit je einer Scheibe Raclettekäse belegen. Den Käse unter dem Raclette-Grill schmelzen lassen.

**4 ** Währenddessen die Burgerbrötchen aufschneiden und auf dem Grill kurz erwärmen. Danach Ketchup und Mayonnaise auf den Schnittflächen verstreichen, Salat auf die Brötchen verteilen. Patties, Pilze und Zwiebeln aus den Pfännchen nehmen, auf die untere Hälfte des Brötchens legen und die obere Hälfte darauflegen.

Omelett-Pfännchen
mit Speck

FÜR DAS PFÄNNCHEN

80 g Datteltomaten
1 Schalotte
50 g Kochschinken
4 große Eier
Salz
Pfeffer aus der Mühle
½ EL Butter
60 g TK-Erbsen, aufgetaut

Für 4 Personen

Vorbereitungszeit: 10 min
Garzeit: 10 min
Schwierigkeitsgrad: leicht

1 \\ Für das Omelett die Tomaten waschen und längs vierteln. Die Schalotte abziehen und zusammen mit dem Schinken in kleine Würfel schneiden. Die Eier in einer Schüssel aufschlagen und mit Salz und Pfeffer verquirlen. Alle Zutaten bereitstellen.

2 \\ Die Butter auf vier Raclette-Pfännchen verteilen. Schalotten- und Schinkenwürfel mit den Erbsen hineingeben und unter dem Raclette-Grill ca. 2–3 Minuten andünsten.

3 \\ Die verquirlten Eier in die Pfännchen gießen und mit Tomaten belegen. Für weitere ca. 4-5 Minuten unter den Grill stellen und stocken lassen.

Putenspieße
aus dem Pfännchen

1 \\ Das Putenfleisch trocken tupfen und in ca. 2–3 cm große Würfel schneiden. Mit Teriyaki-Sauce Ingwer, Cayennepfeffer und Sesamöl mischen und abgedeckt ca. 1 Stunde im Kühlschrank marinieren.

2 \\ Das Fleisch auf 12 kleine Bambusspieße fädeln, mit Sesam bestreuen und in die Pfännchen legen. Bei gelegentlichem Wenden ca. 9–10 Minuten garen.

FÜR DAS PFÄNNCHEN
375 g Putenbrustfilet
3 EL Teriyaki-Sauce
1 Prise Ingwer
1 Prise Cayennepfeffer
1 TL Sesamöl
1 EL Sesam

SONSTIGES:
12 kleine Bambusspieße

Für 4–6 Personen

Vorbereitungszeit: 1 Std.
Garzeit: 10 min
Schwierigkeitsgrad: leicht

Fisch-Raclette
mit Parmesan-Knusperhaube

FÜR DAS PFÄNNCHEN

50 g Parmesan
10 g Anchovis
2 Stängel Petersilie
1 Bio-Zitrone
30 g Tomaten, getrocknet
75 g Pankobrösel
1 Eiweiß
4 EL Butter, flüssig
Salz
Pfeffer aus der Mühle
4 Stücke Saiblingsfilets
    ohne Haut und Gräten

Für 4 Personen

Vorbereitungszeit: 15 min
Garzeit: 10 min
Schwierigkeitsgrad: leicht

**1 ** Den Parmesan entrinden und fein reiben. Die Anchovis fein hacken. Petersilie und Zitrone waschen und trocknen. Die Petersilie fein hacken. Von der Zitrone ca. 1 TL Schale abreiben und die Frucht in Scheiben schneiden. Die Tomaten klein schneiden. Parmesan, Anchovis, Petersilie, Zitronenabrieb zusammen mit Brösel, Eiweiß, Butter, etwas Salz und Pfeffer vermischen. Das Fischfilet trocken tupfen und mit der Bröselmasse bereitstellen.

**2 ** Das Saiblingsfilets in die Pfännchen legen. Die Bröselmasse darauf verteilen und ca. 6–7 Minuten unter dem Raclette-Grill gratinieren. Die Zitronenscheibe zum Fisch dazugeben.

Lachs-Raclette
mit Kartoffeln

FÜR DAS PFÄNNCHEN

500 g Bio-Kartoffeln,
   festkochend
Salz
1 kleine Zucchini
2 Frühlingszwiebeln
1 Handvoll Dill
500 g Lachsfilet, ohne Haut
4 EL Olivenöl
150 g Quark, Halbfettstufe,
   20% Fettgehalt
Pfeffer aus der Mühle

Für 4 Personen

Vorbereitungszeit: 30 min
Garzeit: 10 min
Schwierigkeitsgrad: leicht

**1 ** Die Kartoffeln gründlich waschen, putzen und in kochendem Salzwasser für ca. 20 Minuten garen. Inzwischen Zucchini, Frühlingszwiebeln, Dill und Lachs waschen und trocknen. Die Zucchini der Länge nach halbieren und in Scheiben schneiden. Das Lachsfilet grob würfeln. Die Kartoffeln abgießen, kurz abkühlen lassen und in Spalten schneiden. Kartoffeln, Zucchini und Lachs mit 3 EL Olivenöl vermengen und abgedeckt bis zum Gebrauch im Kühlschrank aufbewahren.

**2 ** Die Frühlingszwiebeln in Ringe schneiden und den Dill grob hacken. Quark und Olivenöl vermengen und mit etwas Salz und Pfeffer würzen. Gemüse-Lachs-Mischung, Frühlingszwiebeln, Dill und Quark bereitstellen.

**3 ** Die Gemüse-Lachs-Mischung auf Raclette-Pfännchen verteilen und im Grill ca. 10–15 Minuten backen. Mit jeweils einem Klecks Quark toppen, Dill und Frühlingszwiebeln darüberstreuen und bei Bedarf mit Salz und Pfeffer nachwürzen.

Mozzarella-Thunfisch-Raclette

FÜR DAS PFÄNNCHEN

1 Fleischtomate
1 Handvoll Rucola
2 Frühlingszwiebeln
50 g Tomaten, getrocknet
150 g Thunfisch, Dose
2 EL Olivenöl
1 TL Zitronensaft
Salz
Pfeffer aus der Mühle
250 g Mozzarella

Für 4 Personen

Vorbereitungszeit: 20 min
Garzeit: 5 min
Schwierigkeitsgrad: leicht

**1 ** Fleischtomate, Rucola und Frühlingszwiebeln waschen und trocknen. Die Tomate mit kochendem Wasser überbrühen, kalt abschrecken, häuten und würfeln. Die Frühlingszwiebeln in Ringe schneiden. Getrocknete Tomaten und Thunfisch abtropfen lassen und klein schneiden. Tomatenwürfel, getrocknete Tomaten, Rucola, Thunfisch und Frühlingszwiebeln mit Olivenöl, Zitronensaft, Salz und Pfeffer vermischen. Den Mozzarella in Scheiben schneiden oder Stücke zupfen und zusammen mit der Thunfisch-Mischung bereitstellen.

**2 ** Thunfisch-Mischung und Mozzarella auf die Pfännchen verteilen. Die Pfännchen unter dem Raclette-Grill ca. 4–5 Minuten überbacken. Mit etwas Pfeffer würzen und servieren.

Frutti-di-Mare-
Pfännchen

1 \\ Zucchini und Thymian waschen und trocknen. Die Zucchini in kleine Würfel schneiden. Vom Thymian die Blättchen abzupfen. Zwiebel und Knoblauch abziehen. Die Zwiebel vierteln und in Streifen schneiden. Den Knoblauch fein hacken. Die Meeresfrüchte abbrausen und gut abtropfen lassen. Die Oliven abtropfen lassen und in Ringe schneiden. Das Olivenöl mit dem Knoblauch vermischen. Die Zutaten bereitstellen.

2 \\ Das Knoblauchöl auf dem Raclette-Grill verteilen, Meeresfrüchte und Zwiebeln darauf anbraten.

3 \\ Zwiebeln und Meeresfrüchte auf die Raclette-Pfännchen verteilen. Mit Thymian, Salz, Pfeffer und einer Prise Cayennepfeffer würzen. Zucchini und Oliven hinzugeben. Mit je einer Scheibe Käse belegen und unter den Raclette-Grill schieben, bis der Käse geschmolzen ist.

Rezeptbild auf S. 6

FÜR DAS PFÄNNCHEN
1 kleine Zucchini
4 Thymianzweige
1 rote Zwiebel
1 Knoblauchzehe
400 g gemischte
    Meeresfrüchte
40 g schwarze Oliven,
    entsteint
2 EL Olivenöl
Salz
Pfeffer aus der Mühle
1 Prise Cayennepfeffer
8 Scheiben Raclettekäse

Für 4–8 Personen

Vorbereitungszeit: 10 min
Garzeit: 10 min
Schwierigkeitsgrad: leicht

Sardellen-Crostini
aus dem Raclette

1 rote Paprika
1 gelbe Paprika
1 Thymianzweig
1 Oreganozweig
1 Knoblauchzehe
1 TL Kapern
6 Sardellen, eingelegt
30 g Mandelkerne
5 EL Olivenöl
Salz
Pfeffer aus der Mühle
½ Baguette (ca.
   8–10 Scheiben)
60 g Parmesan

Für 4–6 Personen

Vorbereitungszeit: 20 min
Garzeit: 8 min
Schwierigkeitsgrad: leicht

**1 ** Paprikaschoten und Kräuter waschen und trocknen. Die Paprikaschoten halbieren, entkernen und in kleine Würfel schneiden. Vom Thymian und Oregano die Blättchen abzupfen und fein hacken. Den Knoblauch abziehen und zusammen mit Kapern, Sardellen und Mandeln klein hacken. Paprikawürfel, Kräuter, Knoblauch, Kapern, Sardellen und Mandeln in eine Schüssel geben, mit 3 EL Olivenöl, Salz und Pfeffer vermengen. Die Sardellen-Mischung, Baguette und Parmesan bereitstellen.

**2 ** Das Baguette in 8–10 ca. 2 cm dicke Scheiben schneiden und mit dem restlichen Olivenöl bepinseln. Die Baguettescheiben auf dem Raclette-Grill von jeder Seite kurz anrösten.

**3 ** Je eine Brotscheibe in ein Pfännchen geben und mit der Sardellen-Mischung belegen. Parmesan über das Pfännchen reiben. Unter dem Raclette-Grill für ca. 5–6 Minuten überbacken. Bei Bedarf mit Salz und Pfeffer nachwürzen.

Kabeljau-Raclette
mit Spinat

FÜR DAS PFÄNNCHEN

1 Schalotte
1 Knoblauchzehe
2 Handvoll Blattspinat
200g Kabeljaufilet, ohne Haut
1 EL Butter
120 g Sahne
Salz
Pfeffer aus der Mühle
Muskatnuss, gerieben
4 Scheiben Raclettekäse

Für 4 Personen

Vorbereitungszeit: 15 min
Garzeit: 15 min
Schwierigkeitsgrad: leicht

**1 ** Schalotte und Knoblauchzehe abziehen und fein würfeln. Spinat und Fischfilet waschen und trocken tupfen. Den Spinat klein schneiden und das Fischfilet in 4 Tranchen schneiden.

**2 ** In einem Topf die Butter erhitzen, Schalotten- und Knoblauchwürfel ca. 2–3 Minuten andünsten. Spinat und Sahne hinzugeben. Mit Salz, Pfeffer und Muskatnuss würzen und ca. 4–5 Minuten bei milder Hitze einköcheln lassen. Spinat, Fisch und Käse bereitstellen.

**3 ** Spinat und Fisch auf die Raclette-Pfännchen verteilen und mit je einer Scheibe Käse belegen. Unter dem Raclette-Grill ca. 4–5 Minuten überbacken. Nach Belieben mit Salz und Pfeffer nachwürzen.

Miesmuscheln
mit Kräuterkruste

FÜR DAS PFÄNNCHEN

1 ½ kg Miesmuscheln,
    küchenfertig
Salz
1 Knoblauchzehe
2 Stängel Petersilie
1 Bio-Zitrone
75 g Semmelbrösel
60 g Parmesan, gerieben
Pfeffer aus der Mühle

Für 4–6 Personen

Vorbereitungszeit: 20 min
Garzeit: 10 min
Schwierigkeitsgrad: leicht

**1 ** Die Muscheln gründlich waschen. Einen Topf etwa 1–2 cm hoch mit Salzwasser befüllen und zum kochen bringen. Die Muscheln dazugeben und abgedeckt für 2–3 Minuten dünsten lassen, bis die Muscheln sich öffnen. Die Muscheln abgießen und abtropfen lassen. Nur die Muscheln, die sich während des Kochvorganges geöffnet haben, benutzen. Die obere Muschelschale entfernen, da nur die Schale mit dem Muschelfleisch benötigt wird.

**2 ** Den Knoblauch abziehen und fein hacken. Petersilie und Zitrone abwaschen. Die Blätter der Petersilie abzupfen und fein hacken. Von der Zitrone ca. 1 TL Schale abreiben, den Rest der Zitrone vierteln. Knoblauch, Petersilie und Zitronenabrieb mit Semmelbrösel, Parmesan, etwas Salz und Pfeffer vermischen. Muscheln, Brösel-Mischung und Zitronenviertel bereitstellen

**3 ** Die Brösel-Mischung auf dem Muschelfleisch verteilen und in einem Raclette-Pfännchen legen. Diese für ca. 4–5 Minuten gratinieren. Die Muschel mit den Zitronenvierteln servieren.

Penne-Gorgonzola
aus dem Raclette

FÜR DAS PFÄNNCHEN

120 g Mini-Penne
Salz
1 Handvoll Spinat
100 g Kirschtomaten
3 EL Walnüsse
80 g Gorgonzola
2 EL Olivenöl
Pfeffer aus der Mühle

Für 4 Personen

Vorbereitungszeit: 15 min
Garzeit: 10 min
Schwierigkeitsgrad: leicht

**1 ** Die Penne in kochendem Salzwasser nach Packungsangabe bissfest garen. Danach die Pasta abgießen und abtropfen lassen. Spinat und Tomaten waschen und trocknen. Die Tomaten halbieren und mit dem Spinat vermischen. Die Walnüsse grob hacken. Penne, Gemüse, Nüsse und Käse bereitstellen.

**2 ** Spinat, Tomaten und etwas Olivenöl auf die Pfännchen verteilen und für ca. 3–4 Minuten unter den Raclette-Grill schieben. Danach die Pasta hinzufügen und die gehackten Nüsse darüber-streuen. Den Käse darüber bröckeln und unter den Raclette-Grill noch einmal leicht gratinieren. Bei Bedarf mit etwas Pfeffer nachwürzen.

Cheesy-Nacho-
Raclette

FÜR DIE MARINADE

300 g Kartoffeln, festkochend
Pflanzenfett zum Frittieren
2–3 Chilischoten
100 g Cheddar, gerieben

Für 4 Personen

Vorbereitungszeit: 20 min
Garzeit: 5 min
Schwierigkeitsgrad: leicht

1 \\ Die Kartoffeln schälen und z. B. mit einem Gemüseschneider in dünne Scheiben hobeln. Waschen, trocken tupfen und im heißen Pflanzenfett (170 °C) portionsweise kross frittieren. Auf Küchenpapier abtropfen lassen. Die Chilischoten waschen, putzen und in Scheiben schneiden.

2 \\ Die Kartoffelchips in die Raclette-Pfännchen geben und mit Käse und Chiliringen bestreuen. Im Raclette-Grill ca. 5 Minuten überbacken.

TIPP

Statt Kartoffelchips können auch fertige Nachos verwendet werden. Außerdem passt eine Tomatensalsa oder der Tomaten-Harissa-Dip (S. 67) hervorragend zu diesem Pfännchen.

Ratatouille-Raclette

FÜR DEN SPIESS

2 Thymianzweige
1 Rosmarinzweig
1 rote Paprika
1 gelbe Paprika
1 Zucchini
1 Aubergine
100 g Kirschtomaten
1 Knoblauchzehe
2 EL Olivenöl
Salz
Pfeffer aus der Mühle
150 g Feta

Für 4 Personen

Vorbereitungszeit: 15 min
Garzeit: 10 min
Schwierigkeitsgrad: leicht

1 \\ Kräuter, Paprika, Zucchini, Aubergine und Tomaten gründlich waschen und trocknen. Vom Thymian und Rosmarin Blättchen und Nadeln abzupfen. Paprika, Zucchini und Aubergine in kleine Würfel schneiden. Die Tomaten vierteln. Den Knoblauch abziehen und fein würfeln. Das gewürfelte Gemüse mit Kräutern und Knoblauch in einer Schüssel mit Olivenöl, Salz und Pfeffer mischen. Gemüse-Mischung und Käse bereitstellen.

2 \\ Das Gemüse portionsweise auf dem Raclette-Grill ca. 3–4 Minuten anbraten und in die Pfännchen verteilen. Den Feta darüber bröseln und für ca. 4–5 Minuten unter dem Grill gratinieren.

Mac & Cheese
aus dem Raclette

FÜR DEN GRILL
150 g Makkaroni
Salz
1 Thymianzweig
100 ml Sahne
60 g Gouda, gerieben
40 g Cheddar, gerieben
¼ TL Paprikapulver
1 Prise Cayennepfeffer
Muskatnuss, gerieben

Für 4 Personen

Vorbereitungszeit: 15 min
Garzeit: 5 min
Schwierigkeitsgrad: leicht

1 \\ Die Makkaroni in Salzwasser nach Packungs-angabe bissfest kochen, abgießen und abtropfen lassen. Den Thymian waschen, trocken schütteln und die Blätter abzupfen. Sahne und Thymian in einem Topf erhitzen. Die Pasta zusammen mit beiden Sorten Käse in den Topf mit der Sahne-sauce geben. Paprikapulver und Cayennepfeffer ergänzen und alles cremig verrühren. Mit Salz und Muskatnuss abschmecken und bereitstellen.

2 \\ Anschließend die Makkaroni auf die Raclette-Pfännchen verteilen und unter dem Grill ca. 4–5 Minuten überbacken.

Pilz-Raclette
mit Laugen-Croutons

FÜR DEN GRILL

250 g Champignons
1 Thymianzweig
1 Rosmarinzweig
1 Frühlingszwiebel
1 Schalotte
1 Knoblauchzehe
1 Laugenstange
4 EL Olivenöl
75 ml Sahne
Salz
Pfeffer aus der Mühle
4 Scheiben Raclettekäse

ZUM BESTREUEN:

Petersilie

Für 4 Personen

Vorbereitungszeit: 10 min
Garzeit: 10 min
Schwierigkeitsgrad: leicht

1 \\ Die Champignons gründlich putzen und vierteln. Kräuter und Frühlingszwiebel waschen. Die Kräuter trocknen und Blätter und Nadeln abzupfen. Die Frühlingszwiebel in kleine Ringe schneiden. Schalotte und Knoblauchzehe abziehen und fein würfeln. Die Laugenstange in kleine Würfel schneiden und mit 3 EL Olivenöl vermischen. Alle Zutaten bereitstellen.

2 \\ Die Raclette-Pfännchen mit dem restlichen Olivenöl bestreichen. Frühlingszwiebel, Schalotten-, Knoblauchwürfel und Pilze auf die Pfännchen verteilen und für ca. 2–3 Minuten unter den Grill legen. Währenddessen die Laugenstangen-Croutons auf dem Grill anbraten.

3 \\ Sahne und Kräuter auf die Pfännchen verteilen, mit Salz und Pfeffer abschmecken und für weitere ca. 2–3 Minuten unter den Grill stellen. Danach die Croutons auf die Pfännchen verteilen und mit je einer Scheibe Käse belegen. Unter dem Raclette-Grill für ca. 4–5 Minuten gratinieren lassen. Mit der Petersilie bestreuen.

Wirsing-Raclette
mit Ziegenkäse

Rezeptbild auf S. 4

FÜR DAS PFÄNNCHEN
400 g Wirsing
60 g blaue Weintrauben
1 Thymianzweig
Salz
100 g Ziegenkäserolle
2 EL Walnusskerne
2 EL Butter
Pfeffer aus der Mühle
Muskatnuss, gerieben

Für 4 Personen

Vorbereitungszeit: 15 min
Garzeit: 10 min
Schwierigkeitsgrad: leicht

**1 ** Wirsing, Trauben und Thymianzweige waschen und trocknen. Den Wirsing in Streifen schneiden und in kochendem Salzwasser ca. 2–3 Minuten blanchieren. Danach den Wirsing abgießen, kalt abschrecken und abtropfen lassen. Die Trauben halbieren und den Kern entfernen. Vom Thymian die Blätter abzupfen. Den Ziegenkäse in Scheiben schneiden. Die Walnusskerne grob hacken. Wirsing, Trauben, Ziegenkäse, Butter, Nüsse, Gewürze und Kräuter bereitstellen.

**2 ** In ein heißes Raclette-Pfännchen Butter und Wirsing legen und mit Salz, Pfeffer und Muskatnuss abschmecken. Für ca. 2–3 Minuten unter den Raclette-Grill schieben.

**3 ** Walnüsse und Käse auf die Pfännchen verteilen und für weitere ca. 3–4 Minuten unter dem Grill überbacken. Danach Weintraubenhälften und Thymian auf die Pfännchen verteilen und bei Bedarf mit etwas Pfeffer nachwürzen.

Meerrettich-Grünkohl-Pfännchen

1 \\ Die Wirsingblätter vom Kopf lösen und die harten Blattrippen herausschneiden. Wirsing und Grünkohl gründlich waschen, in gleich große Streifen schneiden und in reichlich Salzwasser ca. 10 Minuten blanchieren. Herausnehmen, kalt abschrecken und abtropfen lassen. Die Meerrettichwurzel fein reiben und zur Seite stellen.

2 \\ Die Zwiebel abziehen und in feine Würfel schneiden. Die Butter in einer Pfanne erhitzen und die Zwiebel darin ca. 1 Minute glasig anschwitzen. Mit der Sahne aufgießen, kurz köcheln lassen und mit Salz, Pfeffer und Muskatnuss abschmecken. Wirsing, Grünkohl, Meerrettich und Sahnesauce bereitstellen.

3 \\ Das Gemüse auf die Raclette-Pfännchen verteilen und mit der Sahnesauce übergießen. Für ca. 3–4 Minuten in das Raclette schieben. Mit etwas geriebenem Meerrettich bestreuen und bei Bedarf nachwürzen.

Rezeptbild auf S. 8

FÜR DAS PFÄNNCHEN
250 g Wirsing
200 g Grünkohl
1 kleines Stück
    Meerrettichwurzel
1 kleine Zwiebel
1 EL vegane Butter
300 ml vegane Sahne
Salz
Pfeffer aus der Mühle
Muskatnuss, gerieben

Für 4 Personen

Vorbereitungszeit: 20 min
Garzeit: 5 min
Schwierigkeitsgrad: leicht

Rindfleisch-Spargel-Röllchen

FÜR DEN GRILL

250 g weißer Spargel, dünn
250 g Prinzessbohnen
Salz
250 g Rinderhüftsteak
2–3 EL Pflanzenöl
Pfeffer aus der Mühle

SONSTIGES:

8 Zahnstocher oder
    Rouladennadeln

Für 4–6 Personen

Vorbereitungszeit: 15 min
Garzeit: 5 min
Schwierigkeitsgrad: mittel

1 \\ Den Spargel schälen, Enden abschneiden und Stangen halbieren. Die Bohnen gründlich waschen. Spargel und Bohnen in kochendem Salzwasser ca. 5 Minuten blanchieren, abschrecken und abtropfen.

2 \\ Das Fleisch abbrausen, trocken tupfen und in 8 dünne Scheiben schneiden. Das Fleisch mit Salz und Pfeffer würzen und jeweils mittig mit ein paar Bohnen und etwas Spargel belegen. Das Fleisch aufrollen und mit Zahnstochern oder Rouladennadeln fixieren.

3 \\ Den Raclette-Grill mit etwas Öl bestreichen und die Rouladen für 5–7 Minuten braten. Mit Pfeffer und Salz würzen. Die Zahnstocher aus den Röllchen ziehen und z. B. mit dem Tomaten-Harissa-Dip von Seite 67 genießen.

Pfefferfilet
mit Portwein-Thymianbutter

FÜR DAS FLEISCH
400 g Rinderfilet
1 Knoblauchzehe
6 EL Olivenöl
Pfeffer aus der Mühle

FÜR DIE BUTTER:
3 Thymianzweige
4 Schalotten
150 g Butter, weich
1 EL Puderzucker
150 ml Portwein
Salz
Pfeffer aus der Mühle

Für 4 Personen

Vorbereitungszeit: 2 Std.
Garzeit: 5 min
Schwierigkeitsgrad: leicht

**1 ** Das Rinderfilet trocken tupfen und in dünne Scheiben schneiden. Den Knoblauch abziehen und fein hacken. Knoblauch, Öl, Pfeffer und Fleisch in eine Schüssel geben und vermischen. Die Schüssel mit Folie abdecken und ca. 2 Stunden kalt stellen.

**2 ** Für die Butter den Thymian waschen, trocken schütteln und die Blätter abzupfen. Die Schalotten abziehen und in feine Würfel schneiden. Die Schalottenwürfel in einer Pfanne mit 1 EL Butter für 2–3 Minuten andünsten. Den Puderzucker darüber stäuben und karamellisieren lassen. Den Thymian hinzugeben und mit Portwein ablöschen. Für ca. 5–6 Minuten reduzieren lassen. Vom Herd ziehen und abkühlen lassen.

**3 ** Die restliche Butter in einer Schüssel cremig rühren, mit den Portweinschalotten vermischen und mit Salz und Pfeffer würzen. Die Butter in einer Folie zu einer Rolle formen und für mindestens 30 Minuten kalt stellen.

**4 ** Das Fleisch aus der Marinade nehmen und auf dem heißen Stein oder Raclette-Grill ca. 1 Minute von jeder Seite anbraten. Die Butter in dünnen Scheiben auf das heiße Fleisch legen und zerlaufen lassen.

Teriyaki-Hähnchenspieße

FÜR DEN GRILL

400 g Hähnchenbrustfilet
1 Bio-Limette
1 Koriandergrün
1 Knoblauchzehe
2 cm Ingwer
100 ml Sojasauce
3 EL brauner Zucker
3 EL Mirin
1 TL Speisestärke

SONSTIGES:
4 Metallspieße

Für 4 Personen

Vorbereitungszeit: 30 min
Garzeit: 10 min
Schwierigkeitsgrad: leicht

1 \\ Das Hähnchenfleisch kalt abbrausen, in Streifen schneiden und wellenartig auf 4 Spieße fädeln. Die Spieße bis zum Gebrauch im Kühlschrank aufbewahren.

2 \\ Limette und Koriander abwaschen. Von der Limette ca. 1 TL Schale abreiben und die Frucht entsaften. Das Koriandergrün klein hacken. Den Ingwer mit einem Teelöffel schälen und fein reiben. Den Knoblauch abziehen und fein hacken.

3 \\ Sojasauce, Zucker, Mirin, Limettensaft, Ingwer und Knoblauch in einen Topf geben. Aufkochen lassen und mit in etwas kaltem Wasser angerührter Stärke abbinden. Ca. 3 Minuten köcheln lassen, zur Seite stellen und abkühlen lassen. Die Hähnchenspieße mit etwas Sauce bepinseln.

4 \\ Die Spieße unter Wenden auf dem Raclette-Grill braten und mit der Sauce bestreichen. Die Spieße mit dem Koriander bestreuen.

Lachsspieße mit Rosenkohl und Speck

FÜR DEN GRILL

500 g Rosenkohl (ca. 36 Stück)
Salz
400 g Lachsfilet, ohne Haut
200 g Speckscheiben
   (ca. 18 Stück)
1 EL Sesam, geröstet
2 EL Petersilie, gehackt

SONSTIGES:

12 Holzspieße

Für 4–6 Personen

Vorbereitungszeit: 25 min
Garzeit: 10 min
Schwierigkeitsgrad: leicht

**1 ** Den Rosenkohl waschen, putzen und den Strunk kreuzweise einschneiden. In kochendem Salzwasser ca. 6–7 Minuten mit Biss garen. Danach den Rosenkohl abgießen, kalt abschrecken und abtropfen lassen. Den Lachs trocken tupfen und in gleichgroße Würfel schneiden. Die Speckscheiben in der Hälfte durchschneiden.

**2 ** Den Rosenkohl mit je einer Scheibe Speck umwickeln und mit den Lachswürfeln abwechselnd auf ca. 12 Holzspieße fädeln.

**3 ** Auf dem Raclette-Grill ca. 7–8 Minuten grillen. Dabei mehrmals wenden. Die Spieße mit Sesam und Petersilie bestreuen. Der Lachsspieß schmeckt wunderbar mit dem süßen Teriyaki-Dip von S. 67.

Riesengarnelen
mit Chilibutter

FÜR DEN GRILL

1 kg Riesengarnelen, küchen-
   fertig, bis auf das Schwanz-
   segment geschält
2 Bio-Limetten
1 Handvoll Koriander
2 rote Chilischoten
5 g Anchovis
2 Knoblauchzehen
150 g Butter, weich
Salz
Pfeffer aus der Mühle

ZUM BESTREUEN:
Mikrokräuter, für die Garnitur

Für 4 Personen

Vorbereitungszeit: 15 min
Garzeit: 8 min
Schwierigkeitsgrad: leicht

**1 ** Die Garnelen kalt abbrausen, trocken tupfen und längs einschneiden (Schmetterlingsschnitt).

**2 ** Limetten, Koriander und Chilis waschen und trocknen. Die Limetten in Spalten schneiden und beiseite legen. Koriander, Chilis und Anchovis fein hacken. Die Knoblauchzehen abziehen und fein würfeln. Koriander, Chilis, Anchovis und Knoblauch mit der Butter vermengen und mit Salz und Pfeffer würzen. Alternativ können die Zutaten auch in einem Blitzhacker zerkleinert und vermischt werden.

**3 ** Die Garnelen auf den Raclette-Grill legen, die Chilibutter darüber verteilen und ca. 8 Minuten garen. Mit Mikrokräutern garnieren und mit den Limetten zum Beträufeln servieren.

Zucchini-Feta-Päckchen vom Grill

FÜR DEN GRILL
2 Zucchini
Salz
Pfeffer aus der Mühle
1 TL Paprikapulver, edelsüß
3 EL Olivenöl
300 g Feta

SONSTIGES:
8–10 kleine Bambusspieße

Für 4 Personen

Vorbereitungszeit: 20 min
Garzeit: 6 min
Schwierigkeitsgrad: leicht

**1 ** Die Zucchini waschen, putzen und längs in dünne Scheiben hobeln. Mit Salz, Pfeffer, Paprikapulver und Olivenöl in einer Schüssel vermischen und ca. 10 Minuten ziehen lassen.

**2 ** Den Feta in ca. 4 cm große Quadrate schneiden. Mit je ein bis zwei marinierten Zucchinischeiben umwickeln und mit Spießen fixieren.

**3 ** Auf dem Grill ca. 6–7 Minuten unter Wenden grillen.

Gegrillte
Tofu-Gemüsespieße

FÜR DEN GRILL

250 g Tofu
100 g Champignons
150 g Kirschtomaten
½ Zucchini
2 Schalotten
3 EL Olivenöl
1 TL Paprikapulver, edelsüß
Salz
Pfeffer aus der Mühle

SONSTIGES:
4–6 Metallspieße

Für 4–6 Personen

Zubereitungszeit: 30 min
Garzeit: 5 min
Schwierigkeitsgrad: leicht

**1 ** Den Tofu in Würfel schneiden. Die Champignons gründlich putzen. Kirschtomaten und Zucchini waschen. Die Zucchini in dicke Scheiben schneiden. Die Schalotten abziehen und in grobe Stücke teilen. Tofu, Champignons, Tomaten, Zucchini und Schalotten in einer Schale mit Olivenöl, Paprikapulver, Salz und Pfeffer vermischen. Gemüse und Tofu auf Metallspieße fädeln.

**2 ** Die Spieße auf dem Raclette-Grill unter Wenden von beiden Seiten ca. 8–10 Minuten grillen. Der Tofuspieß schmeckt wunderbar mit dem Kräuter-Dip von S. 67.

Rosmarin-Kartoffel-Spiralen

1 \\ Die Kartoffeln waschen und schälen. Je eine Kartoffel auf einen Spieß fädeln und leicht schräg mit einem Messer um die Kartoffel herumschneiden. Dabei den Spieß langsam drehen, sodass eine Spirale entsteht. Diese etwas auseinander ziehen. Die Kartoffeln mit 2 EL Öl bepinseln und mit Salz und Pfeffer würzen. Den Rosmarin waschen, die Nadeln abzupfen und mit dem restlichen Öl vermischen.

2 \\ Auf dem Raclette-Grill ca. 20–30 Minuten unter Wenden garen. Dabei nach je 5–10 Minuten die Kartoffeln mit dem Rosmarin-Öl bepinseln.

FÜR DEN GRILL
8 Kartoffeln
4 EL Olivenöl
Salz
Pfeffer aus der Mühle
2 Rosmarinzweig

SONSTIGES:
8 Holzspieße

Für 4 Personen

Vorbereitungszeit: 10 min
Garzeit: 20 min
Schwierigkeitsgrad: leicht

Japanischer Wasabi-Gurkensalat

Rezeptbild auf S. 56

FÜR DEN SALAT
1 Kästchen Daikonkresse
1 große Salatgurke
2 EL Sojasauce
1 EL Limettensaft
1 EL Sesamöl
¼ TL Wasabipaste
Salz
Chiliflocken

Für 4 Personen

Vorbereitungszeit: 30 min
Garzeit: 20 min
Schwierigkeitsgrad: leicht

**1 ** Die Kresse vom Beet schneiden. Gurke und Kresse waschen und trocknen. Die Gurke längs halbieren und entkernen. Danach die Gurke in dünne Scheiben schneiden und zusammen mit der Kresse in eine Schüssel geben.

**2 ** Sojasauce, Limettensaft, Öl, Wasabipaste, etwas Salz und ein wenig Chili zu einem Dressing verrühren. Das Dressing über die Gurken gießen und gut vermischen.

Tomaten-Harissa-Dip

FÜR DEN DIP
2 Tomaten
2 TL Harissa
4 EL Ketchup
Honig, flüssig
2–3 TL Sojasauce

Für 4 Personen

Vorbereitungszeit: 10 min
Schwierigkeitsgrad: leicht

**1 ** Die Tomaten waschen und die Stielansätze entfernen. Danach die Tomaten überbrühen, abschrecken und häuten. Die gehäuteten Tomaten entkernen und in Würfel schneiden.

**2 ** Die Tomatenwürfel mit Harissa, Ketchup, einigen Tropfen Honig und Sojasauce verrühren und abschmecken.

Veganer Kräuter-Dip

FÜR DEN DIP
1 Stängel Petersilie
¼ Bund Schnittlauch
150 g Sojajoghurt
1 EL Zitronensaft
Salz
Pfeffer aus der Mühle
¼ TL Paprikapulver

Petersilie und Schnittlauch waschen, trocken schütteln und fein hacken bzw. in feine Röllchen schneiden. Mit Sojajoghurt und Zitronensaft verrühren, mit Salz, Pfeffer und Paprikapulver abschmecken.

Für 4 Personen

Vorbereitungszeit: 15 min
Schwierigkeitsgrad: leicht

Süßer Teriyaki-Dip

FÜR DEN DIP
4 EL Teriyaki-Sauce
1 EL Limettensaft
1 EL süße Sojasauce
½ EL Sesam

Teriyaki-Sauce, Limettensaft und süße Sojasauce in einem Schälchen vermischen. Den Sesam vor dem Servieren darüberstreuen.

Für 4 Personen

Vorbereitungszeit: 5 min
Schwierigkeitsgrad: leicht

Beerenpfannkuchen

FÜR DAS PFÄNNCHEN:

80 g Mehl

2 EL Zucker

2 Eier

80 ml Vollmilch

20 ml Mineralwasser, spritzig

Salz

100 g Himbeeren

100 g Heidelbeeren

1 EL Puderzucker

2 TL Butter

Für 4 Personen

Vorbereitungszeit: 15 min

Garzeit: 7 min

Schwierigkeitsgrad: leicht

1 \\ Mehl, Zucker, Eier, Milch, Mineralwasser und eine kleine Prise Salz zu einem Pfannkuchenteig verrühren. Etwa 10 Minuten quellen lassen.

2 \\ Währenddessen die Beeren verlesen, waschen und abtropfen lassen. Teig, Beeren und Puderzucker bereitstellen.

3 \\ Die Raclette-Pfännchen mit etwas Butter fetten, Beeren verteilen, Teig darüber gießen und alles für 5–6 Minuten unter den Grill stellen. Anschließend für ca. 2 Minuten auf die Grillplatte stellen, damit der Boden gut durchgart wird. Nach Belieben noch mit etwas Puderzucker bestäuben.

Erdnuss-Apfel-
Dessert

Rezeptbild auf S. 68

FÜR DAS PFÄNNCHEN
1 Apfel
4 Hafercookies
2 EL Erdnussbutter
3 EL Erdnusskerne, natur
2 EL Nuss-Nougat-Creme

Für 4 Personen

Vorbereitungszeit: 10 min
Garzeit: 5 min
Schwierigkeitsgrad: leicht

**1 ** Den Apfel waschen, halbieren, putzen und in feine Scheiben schneiden. Die Hafercookies in einem Schälchen grob zerkrümeln. Erdnussbutter, Erdnusskerne und Nuss-Nougat-Creme bereitstellen.

**2 ** Die Apfelscheiben in die Raclette-Pfännchen auslegen und die zerkrümelten Hafercookies darüberstreuen. Erdnussbutter, -kerne und Nuss-Nougat-Creme verteilen. Die Pfännnchen unter den Grill stellen und warm genießen.

Cookie-Marshmallow-Dessert

1 \\ Die Kekse in grobe Stücke teilen. Die Banane schälen und in Scheiben schneiden. Kekse, Bananenscheiben, Pistazien, Marshmallows und Schokolade bereitstellen.

2 \\ Auf die Pfännchen die Kekse und Bananenscheiben verteilen. Die restlichen Zutaten nach Belieben auf die jeweiligen Pfännchen verteilen. Unter den Grill stellen, bis die Marshmallows Farbe angenommen haben und die Schokolade geschmolzen ist.

Rezeptbild auf S. 66

FÜR DAS PFÄNNCHEN
4 Doppelkekse, z. B. Oreo
1 reife Banane
2 EL gehackte Pistazien
1 Handvoll Mini-
    Marshmallows
1 EL weiße Kuvertüre,
    geraspelt
2 EL Zartbitter-Kuvertüre,
    geraspelt

Für 4 Personen

Vorbereitungszeit: 5 min
Garzeit: 5 min
Schwierigkeitsgrad: leicht

Pfirsich-Crumble
mit Vanilleeis und Salzkaramell

FÜR DAS PFÄNNCHEN
2 Pfirsiche

FÜR DEN CRUMBLE:
20 g Haferflocken
40 g Mehl
40 g brauner Zucker
1 Prise Backpulver
1 Prise Zimt
Salz
35 g Butter

FÜR DIE SAUCE
70 g weißer Zucker
5 EL Sahne
Salz

SONSTIGES:
3 EL Pekannüsse
4 Kugeln Vanilleeis

Für 4 Personen

Vorbereitungszeit: 20 min
Garzeit: 5 min
Schwierigkeitsgrad: leicht

**1 ** Die Pfirsiche waschen, halbieren, Steine entfernen und die Hälften in Spalten schneiden.

**2 ** Für den Crumble den Backofen auf 160 °C Ober- und Unterhitze vorheizen. Haferflocken, Mehl, brauner Zucker, Backpulver, Zimt, Salz und Butter zwischen den Händen zu Streuseln verarbeiten. Die Streusel auf einem mit Backpapier belegtem Backblech verteilen und ca. 10 Minuten im Ofen backen. Anschließend etwas abkühlen lassen.

**3 ** Für die Sauce den weißen Zucker in einem Topf karamellisieren lassen. Mit der Sahne ablöschen, Karamell kochen lassen und eine Prise Salz dazugeben. In ein Glas füllen und abkühlen lassen.

**4 ** Die Pekannüsse klein hacken. Streusel, Sauce, Pfirsichspalten, Pekannüsse und Eis bereitstellen.

**5 ** In die Pfännchen die Pfirsichspalten verteilen, Nüsse und Streusel darüber streuen und ca. 4–5 Minuten unter dem Raclette-Grill fertig backen. Zum Servieren auf Tellern anrichten, je eine Kugel Eis dazugeben und mit Karamellsauce beträufeln.

Alphabetisches Rezeptregister

Rezeptverzeichnis
nach Kapiteln

ISBN 978-3-8094-4644-6

1. Auflage
© 2022 by Bassermann Verlag, einem Unternehmen der Penguin Random House Verlagsgruppe GmbH, Neumarkter Str. 28, 81673 München

Bildredaktion: Sabine Kestler
Bildnachweis: Stockfood: U 1 (Jan-Peter Westermann, Michael Wissing, Teubner Fotos), 4 (Jan Wischnewski), 6/7, 11, 39 (Jan-Peter Westermann), 8 (Eising Studio – Food Photo & Video), 14 (Teubner Foodfoto), 17, 22, 53 (Michael Wissing), 19, 21, 31, 40, 45, 47, 48, 68, 73 (Springlane), 25 (Stock-Food Studios/Suedfels, Thorsten), 26 (Sven Benjamins), 28, 32, 77 (Gräfe & Unzer Verlag/Lang, Coco), 34, 55 (Gräfe & Unzer Verlag/Grossmann. Schuerle), 37 (PhotoCuisine/Radvaner, Bernard), 43 (Jo Kirchherr), 56 (Klambt Style-Verlag/Hoersch, Julia), 59 (Soldevila Carrera, Javier), 61 (News Life Media), 62 (Gräfe & Unzer Verlag/Crawford, Becca), 64, 65 (Kati Neudert)

Jegliche Verwertung der Texte und Bilder, auch auszugsweise, ist ohne die Zustimmung des Verlags urheberrechtswidrig und strafbar.

Projektleitung: Macielle Christin Montoya Barea
Umschlaggestaltung: Atelier Versen, Bad Aibling
Herstellung: Elke Cramer

Die Informationen in diesem Buch sind von der Autorin und dem Verlag sorgfältig geprüft, dennoch kann eine Garantie nicht übernommen werden. Eine Haftung der Autorin bzw. des Verlags und seiner Beauftragten für Personen-, Sach- und Vermögensschäden ist ausgeschlossen.

Sollte diese Publikation Links auf Webseiten Dritter enthalten, so übernehmen wir für deren Inhalte keine Haftung, da wir uns diese nicht zu eigen machen, sondern lediglich auf deren Stand zum Zeitpunkt der Erstveröffentlichung verweisen.

Satz und Layout: Nadine Thiel, kreativsatz, Baldham
Reproduktion: Mohn Media Mohndruck GmbH, Gütersloh
Druck und Bindung: Mohn Media Mohndruck GmbH, Gütersloh

Printed in Germany

Penguin Random House Verlagsgruppe FSC®N001967